ÉLOGE
DE
PHILIPPE V,
ROI D'ESPAGNE,

Qui a remporté le PREMIER PRIX d'Eloquence à l'Académie Royale Espagnole, le 22 Juin 1779;

Par Dom JOSEPH DE VIERA Y CLAVIJO, de l'Académie Royale de l'Histoire, & Historiographe des Isles Canaries.

Traduit en Français par M. BONGARS, Capitaine d'Infanterie, Employé à l'Equitation de l'Ecole Royale Militaire.

A PARIS,
Chez DEMONVILLE, Imprimeur-Libraire de l'Académie Française, rue Saint-Severin.

M. DCC. LXXX.

AVIS AU LECTEUR.

LES beautés que j'ai trouvées dans l'original, & la Majesté du sujet, m'ont fait naître l'idée de traduire cet Eloge. J'ignore si j'ai réussi. Peut-être le Français est-il espagnolisé; mais j'espere que vous pardonnerez au style en faveur de la fidélité de la traduction.

ELOGE
DE
PHILIPPE V.

LOUER un Roi, dont le Regne, signalé par d'éclatantes victoires, ouvre aux Panégyristes un champ vaste, sur le tombeau duquel on a tant de fois répandu des fleurs, & dont l'agréable mémoire sera toujours présente dans les fastes de la Nation & du monde ; faire son Eloge au milieu du Sanctuaire des Muses, & en présence de ce Monument auguste qu'il fit ériger à l'immortalité de l'éloquence Espagnole; faire son Eloge dans un temps où le timide Orateur peut être entendu du Monarque heureux, juste & pieux, qui ceint du glorieux Diadême de son pere est le digne héritier de ses vertus; en un mot, faire l'Eloge de Philippe V, & le faire bien, est une entreprise glorieuse, mais si remplie d'écueils, qu'il est facile d'échouer (1). Quiconque sera son Panégyriste, ne doit pas espérer de nous faire concevoir la haute idée que l'amour & la reconnaissance des Peuples se sont formée du nom & de la réputation d'un aussi bon Prince; elle est au-dessus de l'expression.

La plupart des grands Hommes ne mériterent le tribut des louanges publiques que pendant leur vie, par une suite de bienfaits ou par des actions d'éclat.

Un temps prompt, un espace court, sont les deux mesures de leur mérite & de leurs louanges. Mais il y a des Héros

---

(1) Ce Sujet n'ayant pas été bien traité l'année derniere, l'Académie ne put pas adjuger le prix proposé.

dont la gloire paraît en quelque façon si étonnante, qu'elle ne se renferme, ni dans l'enceinte de leur Royaume, ni dans la durée de leur Regne. Pour faire l'Eloge de Louis XIV, il fallut écrire toute l'Histoire de son siecle ; pour faire celui de son digne & bien aimé Petit-Fils, peut-être serait-il nécessaire de repasser trois cents ans des Annales de l'Espagne, celles de son agrandissement rapide, celles de sa décadence épouvantable que ce même agrandissement produisit, & celles de son heureux rétablissement qu'on ne dut qu'à la décadence même de l'Etat.

PHILIPPE V a été (si on peut s'exprimer ainsi), dans le grand tableau de notre Histoire, une excellente perspective, où les plus grandes distances se trouvent rassemblées ; ou un point d'intersection par où passerent les cercles des différens âges de la Monarchie.

La fortune de la Maison d'Autriche, après deux siecles de Regne, céder affaiblie le fceptre des Efpagnes, dont les limites embraffent deux mondes, à la Famille de Bourbon fon émule ! les Lys efclaves fous François Premier, fe voir triomphans & adorés dans Madrid à la place des Aigles d'or de Charles V ! le defcendant d'Henri IV s'affeoir fur le Trône de Philippe II ! demeurer perpétuellement unies par les liens du fang & de l'amitié, les deux plus grandes Monarchies, rivales fi long-temps ! être (le nouveau Roi) héritier & conquérant de fa propre Couronne, vainqueur & pere de fes mêmes Sujets ; pere qui fut corriger & pardonner ; vainqueur qui fut élever la Nation une feconde fois, & lui rendre l'ancien luftre de fon honneur & de fon pouvoir ! Combien il eft certain que PHILIPPE V, étant le Chef d'une nouvelle Race en Efpagne, & formant la plus étonnante époque de fes faftes, donne matiere plus que fuffifante à la voix de la poftérité pour le plus grand Eloge & le plus extraordinaire !

L'Empire d'Espagne, qui par ses conquêtes, ses héritages & ses découvertes, avait atteint en peu de temps plus d'étendue & de grandeur que l'Empire Romain, & qui aspirant (comme la politique le craignit) à la Monarchie universelle, donnait lieu à penser au monde étonné de se croire tout Espagnol; accablé insensiblement par son propre poids, & ses trophées changés en ruines, il n'était plus sous Charles II qu'un pâle simulacre de ce qu'il avait été dans les temps heureux du premier Charles & de son fils. L'or, ce don précieux de l'Amérique, qui paraissait être un don du Ciel, ne fut pour la générosité magnanime de la Nation qu'un funeste présent, qui éteignant les vertus séveres du siecle de ses peres, engendra avec le luxe des vices agréables qu'ils ne connurent pas. La savante économie, l'activité, le désintéressement, l'émulation, l'amour constant du travail, tout disparaissait l'un après l'autre, parce que ces Espagnols regardant comme indigne de leurs mains triomphantes l'humble culture de la terre & le travail des arts les plus utiles, commencerent à regarder le reste du genre humain avec mépris, à considérer les Nations comme faites pour augmenter leurs victoires & leur faste, à n'aspirer qu'à la fausse gloire des dignités & des richesses, ni à d'autre réputation qu'à celle de dicter des Loix aux Peuples étonnés.

Les vrais biens de la paix, l'abondance, la fertilité, la population, l'industrie, le commerce manquant à l'Espagne, & étant impossible de mouvoir avec accord la machine compliquée d'une Monarchie si énorme, à qui on assurait pour l'animer que le soleil ne lui cachait jamais ses rayons; il n'était pas étonnant de voir une lenteur mortelle dans les opérations du Gouvernement, qu'on attribuait injustement au caractere de la Nation.

Ce fut alors que le lion d'Espagne,

qui avait étonné la terre par ses rugissemens, abattu, énervé, couvert du sang de ses ennemis & persécuté par eux, vit avec fureur qu'il lui échappait à chaque instant d'entre ses griffes émoussées quelques parties de la proie qu'il avait faite dans des temps plus heureux. Cette situation était déplorable : les rênes de l'Etat allaient vacillant entre les mains débiles de Charles II, Monarque pieux mais pusillanime, sans vigueur pour donner un successeur à l'Etat, & sans courage pour le nommer; qui se croyait possédé du démon, & soumettait aux exorcismes son imagination sombre & ténébreuse; qui voyait sa Cour pleine de divisions, & celles de Versailles, Vienne, Munich & Londres, travaillant à se partager ses Domaines; qui, poussé par les motifs puissans du sang, de la nature, de l'amitié, desirait laisser les vingt-deux Couronnes de la Monarchie dans sa propre Maison, & se voyait forcé en même temps par la nécessité & la justice, de les passer à une Branche Française son ennemie.

En effet, la voix des Peuples, l'avis des Publicistes, le vœu des Grands, la décision d'Innocent XII, l'intérêt de conserver la Monarchie entiere, les Loix fondamentales de l'Etat, tout parlait en faveur des droits de Marie-Thérese d'Autriche, sœur du même Charles II, & femme de Louis XIV ; tout appellait Philippe, Duc d'Anjou & second fils du Dauphin, au Trône d'Espagne : on pouvait dire de lui comme du Roi de Macédoine, que tous les oracles *philippisaient*, si nous en exceptons l'Empereur Léopold & la Reine Marie-Anne de Neubourg.

Enfin, Charles II, après tant d'irrésolutions, dicta d'un esprit agité son fameux testament, qui occasionna en Europe une si grande effusion de sang, & dit en le signant, les yeux baignés de larmes : *Dieu éternel, tu peux seul donner & ôter les Empires !* Cet acte de grandeur religieuse exalta son ame : Charles mourut avec plus de courage qu'il ne vécut. La Nation vit avec une agréable surprise sa derniere volonté. Aussi-tôt un Grand embrasse l'Ambassadeur de Vienne, pour prendre congé de la Maison d'Autriche ; & pendant que le Conseil de la Régence priait instamment Louis-le-Grand de lui envoyer le Duc d'Anjou son auguste Petit-Fils, il avait ordonné des prieres publiques afin de l'obtenir. L'Espagne demandant un Roi à la France ! Louis était généreux ; son cœur agité par l'admiration & la joie nous le donna sans réserve, préférant cette gloire à tout ce que le traité de partage de Londres promettait à son ambition. Au même instant le Duc d'Anjou fut proclamé Roi Catholique, à Versailles, à Madrid, dans toute l'Espagne, sous le nom de PHILIPPE V.

Et qui aurait dit à cette Puissance l'an 1683, quand elle déclarait la guerre à la France, quand la Reine

Marie-Thérèse d'Autriche était mourante, quand Anne de Baviere au milieu des plus grands triomphes donnait au Dauphin son époux un second Prince; qui lui aurait dit que ce PHILIPPE d'Anjou nouvellement né, que ce rejetton de la famille de Bourbon lui dicterait des Loix un jour, & rétablirait la Monarchie dans son ancien lustre ? Louis XIV; Louis, qui par sa politique & sa pénétration admirable l'avait prévu en accordant à l'Espagne opprimée l'olive inattendue de la paix de Riswick, la plus avantageuse que notre Cour eût faite depuis plus d'un siecle ; Louis qui tâchait de donner à son Petit-Fils l'éducation la plus parfaite que Prince puisse recevoir, lui choisissant le Duc de Beauvilliers pour Gouverneur, M. de Fénelon, Archevêque de Cambray, pour Précepteur, & l'Abbé Claude Fleury, pour Sous-Précepteur; ces hommes célebres, dont les noms respectables seront toujours unis à la gloire de notre PHILIPPE.

Ce grand Roi, qui pénétrait le fond de l'ame docile & pure de son Petit-Fils, cultivé par des mains si heureuses, ne balança pas, en se séparant de lui, à lui donner ces instructions si essentielles, remplies des meilleures maximes, écrites de sa propre main (1). « Ne
» manquez à aucun de vos devoirs,
» sur-tout envers Dieu. Conservez-vous
» dans la pureté de votre éducation.
» Déclarez-vous toujours pour la vertu
» & contre le vice. Aimez les Espa-
» gnols. Estimez ceux qui pour le bien
» hasarderont de vous déplaire; ce sont-
» là vos véritables amis. Faites le bon-
» heur de vos Sujets. Ne quittez jamais
» vos affaires pour votre plaisir. Traitez
» bien tout le monde; ne dites jamais
» rien de fâcheux à personne, mais
» distinguez les Gens de qualité & de
» mérite ». Quand le moment attendrissant de la séparation de Louis XIV & de notre PHILIPPE arriva, toute la Cour

---

(1) Mémoires de Noailles.

nombreuse où se trouvaient quelques Seigneurs Castillans, attirés par une noble curiosité, entendit ces dernieres paroles que le Roi de France dit à celui d'Espagne, en le serrant entre ses bras : *Mon fils, il n'y a plus de Pyrénées* ; pensée sublime, qui, faisant verser des larmes aux Courtisans, rappellait aux deux Nations ces anciens temps d'alliance & d'amitié, où la même fortune était commune aux deux Peuples. PHILIPPE part pour venir prendre possession du Trône, accompagné de ses deux freres, les Ducs de Bourgogne & de Berry. *Sais-tu bien* (disait ce Prince vif & spirituel au Duc de Bourgogne), *sais-tu pourquoi on nous fait aller tous trois jusqu'aux frontieres d'Espagne ? c'est pour faire voir aux Espagnols que notre grand Papa a choisi le meilleur.*

On le vit en effet, lorsque reçu dans le Royaume avec les plus vives démonstrations de respect & d'amour, il entra dans la Capitale, brillant aux yeux de la Nation, comme un Héros couvert de lauriers qui revient dans son char triomphant, se faisant jour à travers des chemins embarrassés de voitures & d'une quantité innombrable de Peuple, qui excité par l'amour que la nature a gravé pour leur Roi dans les cœurs Espagnols, s'empressait de voir un Souverain qu'il adorait déjà. Les graces naturelles de PHILIPPE, son aimable physionomie, sa taille agréable, âgé de dix-sept ans; son caractère doux, amical & plein de dignité; tout contribuait à donner aux Peuples une haute idée de sa personne, & les plus grandes espérances d'un heureux Gouvernement. Le nouveau Monarque justifia cette opinion publique dès le commencement, réunissant toutes les belles qualités des Rois Autrichiens qui porterent son nom. Beau comme le premier PHILIPPE, mais plus mâle; prudent comme le second, mais plus humain; pieux comme le troisieme, mais plus spirituel; grand comme le quatrieme, mais plus heureux : on remarqua avec plaifir qu'il favait allier l'exercice de la chaffe avec le travail du cabinet, & varier entre la légéreté de l'habillement Français & la gravité de l'Espagnol ; qu'il traitait tous les Seigneurs de fa Cour avec cette bonté familiere qui ne coûte rien à la véritable grandeur, faifant difparaître ainfi l'étiquette Afiatique que les Autrichiens affectaient ; qu'il mangeait en public, & fortait fouvent pour confoler & enchanter fes fideles Sujets, qui reffentaient la plus vive émotion à fe regarder comme les objets de la tendreffe d'un Roi, dont dépendait le fort de tant de millions d'hommes.

PHILIPPE, maître d'un auffi vafte Empire, jeune, humain, & occupé des foins du Trône, avait befoin d'une Compagne aimable, à qui il pût communiquer la fplendeur de la pourpre, avec qui il pût jouir du plaifir d'être aimé, & dans le fein de laquelle il pût
déposer

déposer la satisfaction & les peines attachées à l'Art terrible de régner. Cette Compagne qui devait rendre un Roi heureux, était l'immortelle Marie-Louise de Savoie, prodige de son sexe, Princesse âgée de treize ans, qui douée de beauté, de douceur, de talents, de graces & de courage, régna toujours dans le cœur de son époux & de ses Sujets. Mais à peine le Roi l'eut-il reçue en Catalogne, où il tint les Cortez (1) avec trouble (présage funeste de la tempête prochaine), qu'il fut obligé de s'en séparer pour aller en Italie. A cette époque nous commencerons à voir PHILIPPE V luttant contre la fortune.

Quoique toute l'Europe l'eût reconnu jusqu'alors pour successeur & légitime héritier de Charles II, elle ne ne pouvait voir sans trembler qu'un Petit-Fils de Louis XIV fût maître en même temps de l'Espagne, de l'Amérique, de l'Italie & des Pays-Bas.

---
(1) Etats.

B

Aussi Léopold, Empereur altier; Léopold, Chef de la branche Autrichienne Allemande; Léopold, rival personnel des Bourbon, dont la gloire le fatiguait, glorieux d'avoir une armée de cent mille hommes commandée par ces grands Généraux qui avaient humilié le Turc & pacifié la Hongrie, piqué de n'avoir pas fait entrer dans sa famille l'Empire Espagnol qu'il regardait comme un héritage, & se flattant de le conquérir pour l'Archiduc Charles son second fils, réveilla la jalousie des Puissances maritimes, & alluma le flambeau de la guerre.

Le Peuple Britannique, belliqueux, politique, libre, commerçant, & plus ennemi de la prospérité de la France qu'ami de la Cour de Vienne, offrit ses armes, ses trésors. Le Batave craignant encore l'ancien joug de l'Espagne, avide de venger la République de vingt-huit ans de victoires suivies de Louis XIV, & voulant plaire à Guillaume de Nassau, Roi d'Angleterre, son Stadhouder (ou, comme on prétendait, Stadhouder d'Angleterre & Roi de Hollande), consentit à la ligue offensive. Le Roi de Portugal, & même le Duc de Savoie, beau-pere de PHILIPPE, guidés par une politique intéressée, s'unirent peu de temps après au parti de l'Autriche, & conspirerent pour lui arracher le Sceptre & le précipiter du Trône. Tel était l'orage épouvantable, qui, précédé d'un bruit sourd de l'Océan, rassemblait la tempête sur la Maison de Bourbon.

Serait-il étonnant qu'un torrent aussi considérable eût entraîné quelques Espagnols après lui, dominés par l'esprit de parti? Les causes morales doivent-elles ne pas agir? Le respect constant porté à la Maison d'Autriche, l'antipathie invétérée pour le nom Français, le préjugé national, le fanatisme de la politique, les ressentiments particuliers, l'influence flatteuse, le problême de la succession, l'incertitude des succès....

B ij

Mais que dis-je ? pourquoi ne pas jetter le voile promptement sur des événements auffi défagréables, qui ne peuvent fervir dans l'Eloge de PHILIPPE V, qu'à faire admirer fa clémence ?

Une pareille révolution, quoiqu'apperçue de loin, devait effrayer le cœur de notre Roi : pourquoi taire ce que tout le monde admire, & que perfonne n'ignore ? Non, certainement ; non, je ne craindrai pas de dire que le caractere de PHILIPPE V, dans le filence tranquille de la Cour, était porté infenfiblement à la mélancolie ; que fon naturel était celui d'un Prince modefte, délicat, timoré, fcrupuleux, taciturne & moins porté à gouverner par lui-même que par les confeils d'autrui. De-là naiffait le befoin que fon ame avait de fortes fecouffes & de grandes occafions pour s'enflammer & déployer toute fon impétuofité & énergie. Rien ne pouvait occafionner cette commotion dans fon cœur que le bruit de la guerre. C'est au moment où les chevaux de Mars s'emportaient, qu'il prenait plaisir à les conduire ; c'est alors que son cœur rassemblait tous ses esprits : alors c'était un autre homme ; alors il mérita l'épithete de PHILIPPE le courageux, que lui donnerent ses armées & toutes les Nations.

A la nouvelle que l'armée de Léopold, commandée par le Prince Eugene (Annibal de son siecle, qui battait les Espagnols dans Carpi, surprenait les Français dans Crémone), & pour qui les partisans de la Maison d'Autriche à Naples conspiraient ouvertement : à cette nouvelle, dis-je, la passion martiale de notre Roi s'enflamma pour la premiere fois, & elle seule put l'arracher d'entre les bras d'une Reine & épouse chérie, qu'il laissait Régente d'Espagne, triste & pénétrée de la plus vive douleur.

PHILIPPE vole en Italie chasser ses ennemis, & *résolu à verser jusqu'à la derniere goutte de son sang, s'il est nécessaire, pour empêcher le démembrement de la Monarchie* (1). Naples le voit entrer, non comme un de ces anciens Ducs d'Anjou si funestes à l'Etat, mais comme un Roi généreux, accessible, répandant des graces, leur faisant remise de plus de trois millions d'écus, accordant une amnistie aux coupables, faisant baisser le prix du pain; moyens infaillibles pour gagner en tout temps le cœur des Peuples. Naples érigea à PHILIPPE une statue équestre; Sicile lui grava une médaille : mais la fidélité, qui n'était pas sculptée dans le bronze, dura peu. Le Roi marche à la tête de ses troupes; il reçoit en passant par Geneve & Milan les ambassades des Puissances d'Italie, & ressent le plaisir qu'occasionne sa présence: pour signaler les prémices de son courage, il défait près de Santa-Victoria un Corps de Cavalerie Allemande. Peu de jours après,

---

(1) Dans une lettre au Cardinal Portocarrero.

la victoire le couronna de nouveau aux champs de Luzara, où, exposé au feu de l'artillerie, il montra le courage le plus constant & une grande intelligence pour la guerre. Luzara se rend ; il prend Guastalla, délivre Mantoue, & aurait chassé d'Italie le Prince Eugene, si les affaires d'Espagne ne l'eussent forcé de suspendre ses coups pour précipiter son retour à Madrid.

Il s'agissait de défendre la Presqu'Isle. Les Anglais étaient devant Cadix ; ils avaient saccagé le port de Santa-Maria, & brûlé les galions dans Vigo. L'Empereur, & son fils Roi des Romains, avaient fait passer authentiquement leurs droits au Trône d'Espagne & des Indes à l'Archiduc Charles : ils l'avaient proclamé Roi dans Vienne sous le nom auguste de Charles III. Il avait été reconnu par les Rois d'Angleterre, de Prusse, de Pologne, de Danemarck, par la Hollande & une grande partie des Princes de l'Empire. Comme cette grande alliance était compofée de Proteftans pour la plupart, c'était avec raifon qu'on difait que l'Archiduc était *Roi Catholique par la grace des Hérétiques*, quoique le Pape ne laiffât pas d'être pour lui pendant quelque temps.

Le jeune Prétendant, fuivi de huit mille Anglais, entre par Lifbonne avec une flotte formidable. Que faifait PHILIPPE dans ce moment critique, où toute l'Europe avait les yeux fur lui ? Jamais il ne montra plus de courage. Il marcha à la tête de trente mille hommes de fes meilleures troupes, unies aux Françaifes, commandées par le Duc de Berwick, à la rencontre de fon Adverfaire qui ne fe montra pas ; & entrant par les frontieres du Portugal, il fe rend maître de douze places, met en déroute fix mille Portugais, fait deux mille prifonniers, dévafte la meilleure partie du Royaume, & fait trembler dans fa Capitale Pierre II, Prince mal confeillé.

Je passerai légérement sur ces temps où la rebellion & la guerre firent souffrir la Monarchie, & ébranlerent la Couronne sur la tête du Monarque. Après que les Confédérés, en prenant Gibraltar, nous eurent usurpé une des colonnes d'Hercule, & prétendu (quoique sans fruit) soumettre l'autre dans Ceuta, l'Archiduc Charles monta sur sa flotte en Portugal, avec douze mille hommes de débarquement, & s'empara du Royaume de Valence, non pas avec l'épée d'un Cid, mais par l'intrigue d'un Basset, homme obscur, suivi d'une troupe de bandits. Les Conjurés lui remettent les places fortes de Lerida & de Tortose. Girone lui ouvre ses portes; Barcelonne le reconnaît Comte & Roi; enfin Charles regne en Catalogne. Ainsi ces mêmes Catalans, qui cinquante ans auparavant avaient proclamé un Bourbon pour n'être pas sous la domination d'un Autrichien, proclamerent alors un Autrichien, pour n'être pas sous celle d'un Bourbon.

Mais ce dernier, impatient de se venger d'une pareille ingratitude, surmontant les fatigues du chemin, se présente avec deux corps d'armée devant la coupable Barcelonne. Le château de Monjuich était déjà rasé, la tranchée était ouverte ; & trois breches suffisantes dans le corps de la place, lorsque tout-à-coup apparaît l'escadre des ennemis avec des forces supérieures, chasse la Française du port, & introduit une confusion générale dans tout le camp. Le Roi tâche en vain de donner un assaut général à la Ville. Son courage, plus grand & plus ardent que celui du Maréchal de Tessé & du reste des Officiers Généraux qui ordonnerent à moitié nuit de lever le siege, fut obligé de céder à l'adversité de son étoile, & de se retirer sans bruit d'une place à moitié rendue, où il laissait son concurrent victorieux sans avoir tiré l'épée ; il regardait ces murailles fumantes encore, les yeux enflammés de colere & de douleur ; les plus tristes présages vinrent à la suite de cette retraite. Mais le courage étonnant de PHILIPPE, ferme dans les plus terribles extrémités, lui fait vaincre les horreurs, les présages, les obstacles, les Pyrénées ; & arrivé à Perpignan, il vole à Madrid *se jetter dans les bras de ses fideles Castillans*, comme il l'écrivit lui-même à son Grand-Pere (1).

A peine est-il arrivé, qu'il apprend que l'Archiduc a soumis l'Aragon, & que quarante mille Anglais & Portugais marchent à grandes journées sur Madrid. Mais, ne croyez pas le voir intimidé : on lui conseille de se retirer ; PHILIPPE seul prend le parti de se battre, de vaincre ou de s'enterrer sous les dernieres ruines de son Trône : pour cet effet, il ordonne que la Reine, cette

---

(1) Mémoires de Noailles.

Compagne vertueuse, qui le consolait des injustices de la fortune, se transporte à Burgos avec les Tribunaux. Et quelle ame sensible pourrait retenir ses larmes à la vue de cette illustre famille fugitive & errante dans son propre Royaume ? Un Monarque sur le Trône élevé, brillant par sa prospérité, est un demi-Dieu, qui inspire à ses Sujets un respect qui les pénetre : mais lorsque par ses infortunes il ressemble aux autres hommes, c'est un objet particulier d'amour, qui intéresse, attendrit & concilie les cœurs les plus rebelles. C'est alors qu'il jouit de l'amour qu'il fait naître : car, comment le mortel qui a toujours été heureux, peut-il savoir s'il est aimé ?

Il est vrai que les ennemis, en entrant dans la Capitale abandonnée, firent proclamer Roi l'Archiduc : mais qu'importe, s'ils ne rencontrerent dans les Habitants de Madrid, de l'un & de l'autre sexe, qu'une haine vengeresse ou un amour perfide ? Qu'importe, si toutes les bouches & le silence même répétaient: Vive PHILIPPE V ? Cependant, l'affection de ce Peuple ne put empêcher la jonction des armées confédérées ; & PHILIPPE se trouvait dans une si grande perplexité, que l'Ambassadeur de France le croyant détrôné se jette à ses genoux, & le supplie de se réfugier dans les Etats de son Grand-Pere. Un triste bruit se répand dans le Camp, que le Roi n'est pas loin de l'exécuter : les troupes s'alarment ; dans une circonstance si fâcheuse, le Monarque sort de sa tente, rassemble ses soldats, & parcourant tous les rangs, leur fait le serment le plus solemnel de perdre plutôt la vie à la tête du dernier escadron, que d'abandonner ses nobles & fideles Castillans.

Ombre Royale ! ombre auguste ! ame généreuse de PHILIPPE, pardonne si ma voix timide n'est ici que le faible interprete des sentiments de consolation que tu reſſentis à voir tes Sujets attendris, & le cœur pénétré de plaiſir, ne pouvoir te répondre que par des larmes de joie. L'un après l'autre ſe jetait à tes pieds, te promettant de verſer juſqu'à la derniere goutte de ſon ſang pour te conſerver la Couronne; tous couraient à ton camp pour augmenter ton armée, & former autour de toi le rempart le plus redoutable; tu vis croître par-tout cet enthouſiaſme Caſtillan, dont ſe glorifie la Nation. Les Royaumes d'Andalouſie te donnerent quatre mille chevaux, & quatorze mille hommes de milice; les Prêtres, les Évêques, les Religieux, les femmes & les enfants même, combattirent quelquefois pour ton nom, pour leur Religion & leur Patrie. Tu rentras enfin triomphant dans ta Cour, au bruit des acclamations publiques.

« Les ennemis de Votre Majeſté
» ne doivent plus eſpérer de réuſſir
» (écrivait Louis XIV à Philippe V,

» puisque leurs progrès n'ont servi qu'à
» faire paraître le courage & la fidélité
» d'une Nation également brave &
» constamment attachée à ses Maîtres.
» Vos Peuples ne se distinguent point
» des troupes réglées ; & je comprends
» aisément que tant de preuves de leur
» amour pour vous augmentent la
» tendresse particuliere que vous avez
» toujours eue pour eux. Elle leur est
» due ; & je vous exhorterais à leur en
» donner de fréquents témoignages, si
» je ne savais que vos sentiments sur
» ce sujet sont entiérement conformes
» aux miens (1) ».

Louis XIV ne se trompa point, puisque les pertes funestes que firent les armes Françaises & Espagnoles en Flandres, en Espagne & en Italie, augmenterent le zele des principaux Grands, & des généreux Castillans, pour soutenir PHILIPPE V sur un Trône qu'il méritait. Il aug-

---
(1) Mémoires de Noailles.

menta sur-tout, quand la Reine, resserrant leurs nœuds, donna à l'Etat un nouveau rejetton, Louis, Prince des Asturies, qui depuis sa naissance jusqu'à sa mort prématurée fit les délices de la Nation. Les Villes d'Espagne & du Mexique, l'Etat Ecclésiastique & la Noblesse, tous les Etats enfin, quoique ruinés par la guerre, les impôts & la stérilité, offrirent à cette occasion un don gratuit de leur peu de richesses & le sacrifice de leur vie. Le Général Anglais Peterboroug, témoin de ce dévouement patriotique, écrivait à Londres: « Il faut vous détromper, Messieurs; » toutes les forces de l'Europe réunies » ne pourront détrôner un Prince si chéri » de ses Sujets ».

A ces heureux présages vinrent s'unir les lauriers dont PHILIPPE fut couronné par le Maréchal de Berwick à la bataille d'Almanza, une des plus fameuses, des plus décisives & des plus complettes de la guerre de la succession:

à

à fes lauriers s'unirent les progrès du Duc d'Orléans dans les Royaumes de Valence, d'Aragon & de Catalogne; ceux du Maréchal de Villars en Allemagne, & ceux de l'heureux Vendôme en Italie. Mais la force de la fédition, plutôt que celle des armes, avait fait perdre Naples: le Marquis de Villena, Duc d'Efcalona, fon Vice-Roi; ce Seigneur dont le nom doit refter toujours gravé dans les Annales de cette Affemblée refpectable; cet Efpagnol, digne du Temple de Mémoire par fon grand courage, fa probité, & fes talents dans les Lettres, conferva toujours au milieu des infultes toute la fidélité due à PHILIPPE V & toute la conftance d'un Héros Caftillan, quoiqu'il eût reçu les traitements les plus barbares pour embraffer le parti de l'Archiduc. Au milieu de ces revers de fortune, le Roi n'était content que lorfqu'il était à la tête de fes troupes: « Ma gloire (écrivait-il à fon Grand-

C

» Peré) ne me permet pas de demeu-
» rer plus long-temps oisif, dans le
» temps que mes ennemis veulent m'ar-
» racher la Couronne; & puisque Dieu
» me l'a donnée, c'est à moi de la
» défendre moi-même ». Et comme le
Roi n'ignorait pas que l'Angleterre
& la Hollande, vainement enorgueillies
d'avoir humilié Louis XIV, s'opposaient
à toute proposition de paix à moins
qu'il ne commençât par céder à l'Archiduc l'Espagne & les Indes, pénétré
d'indignation, il ajoutait: « Je suis outré
» qu'on puisse seulement imaginer qu'on
» m'obligera à sortir d'Espagne, tant
» que j'aurai une goutte de sang dans
» les veines. Cela n'arrivera certaine-
» ment pas ; le sang qui y coule n'est
» pas capable de soutenir une pareille
» honte. Je ferai tous mes efforts pour
» me maintenir sur un Trône où Dieu
» m'a placé ; & rien ne pourra m'en
» arracher, ni me le faire céder que la
» mort. Je dois cette résolution à ma

» conscience, à mon honneur, & à
» l'amour de mes Sujets, certain qu'ils
» ne m'abandonneront pas, & que si
» j'expose ma vie, ils répandront tout
» leur sang pour me conserver (1) ».

Animé par ces sentimens héroïques, & craignant que son Grand-Pere ne l'abandonne (comme il le méditait en effet), Philippe prend le parti d'élever de plus en plus le zele de la Nation qui l'adore. Il parle aux Ministres & aux Grands en particulier ; leur expose son état, ses inquiétudes, sa résolution ; leur dit qu'il compte sur leur ancien attachement, & sur celui de son bon Peuple : leur demande conseil, & les attendrit de nouveau. O Espagnols! dilatez vos cœurs magnanimes ; rappellez-vous avec moi ce grand jour où vous jurâtes fidélité à Philippe, où vous lui consacrâtes vos biens & votre vie, où vous le consoliez & l'assuriez tous, avec cette affection que vous lui portiez,

_____
(1) Mémoires de Noailles.

C ij

de faire votre devoir. Non, l'Angleterre ni la Hollande ne doivent pas disposer de la Monarchie Espagnole : retirez-vous d'Espagne, troupes Françaises; laissez aux Espagnols l'honneur de défendre la sacrée personne de Sa Majesté, peut-être même contre les armes de Louis XIV, de ce fier Athlete qui, fatigué de la lutte, pensait à se tourner contre son fils; retirez-vous. PHILIPPE plus constant que Louis, se met à la tête de ses troupes, & dispersant l'aîle droite de l'ennemi...... Mais.... ô douleur! PHILIPPE perd la bataille de Saragosse par la faute de ses Généraux, sans que l'Archiduc ait beaucoup gagné, n'ayant pas vaincu la fidélité Castillane. Il marche en personne à Madrid pour faire vanité de ses trophées, & se faire proclamer une seconde fois. Mais Madrid était presque désert; Madrid avait évité sa vue, en suivant son Roi jusqu'à Valladolid. Quel spectacle! les Grands, les Magistrats, les Nobles, le Peuple, tous, au nombre de trente mille, abandonnent leurs foyers, laissant par les chemins des signes certains de leur aversion pour l'Archiduc, & de leur attachement pour Philippe, dont le nom retentissait par-tout.

Les Marquis de Mancera & Delfresno ne purent pas suivre la Cour à cause de leur grand âge; mais il paraît qu'ils ne resterent à Madrid que pour rejetter avec mépris les propositions de l'Archiduc: *Dieu ne permettra pas* (répondirent-ils) *que nos cheveux blancs se déshonorent par l'infidélité.*

Qui pourrait ne pas voir dans cet événement la fameuse irruption des anciens Gaulois dans Rome? La même dispersion dans les Habitants, la même solitude aux portes de la Capitale, le même silence dans la ville, & les mêmes Sénateurs respectables, qui sans force pour prendre les armes ni la fuite, assis sur le seuil de leurs portes dans leurs chaises curules, étaient disposés à mourir pour la gloire de l'Empire.

S'il est vrai que Philippe dans un danger si pressant, abandonné de Louis XIV qui l'incitait vivement à céder la Couronne d'Espagne que lui-même lui avait donnée, menacé de voir les Troupes Françaises se joindre à celles des Confédérés, délibéra dans son Conseil de transporter sa Cour en Amérique pour régner sur le Mexique puisqu'il ne le pouvait plus sur la Presqu'Isle ; si ce fait est vrai, quel spectacle nouveau aurait donné PHILIPPE au monde politique ! L'Amérique, qui par ses richesses est aujourd'hui sujette de l'Europe, aurait alors régné par sa fertilité sur l'Europe même.

Mais l'Amérique & l'Europe, ces deux hémisphères, ces deux mondes, obéiront toujours à PHILIPPE. Charles d'Autriche, honteux de sa victoire & harcelé continuellement par deux hommes fideles & intrépides, Dom Feliciano Bracamonte & Dom Joseph

Vallejo, qui défaisaient des Corps entiers de Cavalerie, coupaient les vivres à l'armée Autrichienne, furprenaient des Regimens, fe moquaient de l'arrogance Anglaife, & penferent prendre prifonnier l'Archiduc chaffant un jour dans le Pardo; Charles d'Autriche, ai-je dit, fe voit obligé d'abandonner Madrid dont la triftefse l'outrageait, & le légitime Souverain y rentre triomphant pour la troifieme fois : il purifie le Sanctuaire des abominations commifes par fes ennemis, répare l'injure faite à la Religion, retourne à fon armée au bout de trois jours, pourfuit fes ennemis, furprend cinq mille Anglais du Général Stanhope dans Brihuega; les fait prifonniers de guerre; marche contre les Allemands, rencontre Stharemberg à Villa-Viciofa, lui livre bataille, & remporte une victoire complette qui lui affure à jamais la Couronne. Combien d'Efpagnols de mérite fe préfentent à la mémoire dans

C iv

ce champ de l'honneur Castillan! Le Marquis de Valdecanas renversant l'aîle gauche de l'ennemi; le Comte d'Aguilar rompant la premiere & seconde ligne de la droite; celui de Las-Torres bataillant dans le centre; & par-tout le Marquis de Moya, le Comte de Sanestéban de Gormaz, le Lieutenant-Général Armendariz, le Colonel Dom Juan de Velasco: . . . . . mais l'Ange tutélaire de PHILIPPE était ce fameux Duc de Vendôme, nommé avec raison *le Marcellus*, le liberateur de l'Espagne, celui qui l'avait fait vaincre pour la premiere fois dans les champs de Luzara; celui enfin qui ne cessant d'admirer les grandes qualités du Roi, ne prit du repos qu'après l'avoir conduit en triomphe à Saragosse. L'Iris brillant de la sérénité commença dès ce jour à se lever sur la Monarchie, noyée jusqu'à ce moment, puisque l'Empereur Joseph premier mourut dans le temps que le Monarque s'occupait des préparatifs de la guerre de Catalogne, laiffant l'Archiduc Charles héritier de fes vaftes poffeffions & fucceffeur de la Couronne Impériale : grand événement, qui, changeant le fyftême des affaires, fit que le Miniftere Anglais ceffa de combattre pour un Prince qui, s'il eût conquis l'Efpagne, fe feroit rendu plus redoutable pour la liberté de l'Europe que Charles V, & fit hâter le Congrès d'Utrecht pour la conclufion de la paix, qui affura l'Efpagne & l'Amérique à Philippe, en faifant quelques facrifices aux Alliés.

La paix d'Utrecht ! c'eft ici que fe repofe agréablement l'imagination fatiguée par les horreurs de la guerre. Nous avons trop parlé de ce fléau qui tourmente & affaiblit fi confidérablement le genre humain ; & fi Philippe trouva fon Royaume exténué & conftitué dans des dépenfes énormes, combien le mal ne dut-il pas croître, pendant douze ans qu'il fut le théâtre barbare d'une guerre intestine, de la mort & de la dévastation ? C'est assez ; PHILIPPE a mérité le nom de Héros : il est temps qu'il mérite celui de Roi couronné par les vertus pacifiques, qui valent bien les victoires ; il est temps qu'après avoir ressemblé à son trisaïeul le grand & bon Henri dans la conquête glorieuse de son propre Trône, il lui ressemble dans l'amour pour l'humanité, & dans le desir de rendre les Peuples heureux, qui seul est le fruit de la paix.

Oui, PHILIPPE augmentera avec la paix, la population favorisera l'agriculture, protégera les arts, le commerce, perfectionnera le Gouvernement, couronnera les Lettres, rendra l'opulence à notre Espagne en lui rendant son premier lustre. Avouons-le ; la nature, prodigue pour notre Roi, l'avait doué d'un caractere guerrier, que peut-être lui-même n'eût pas connu, si ses ennemis n'eussent révélé ce secret dans son ame, l'obligeant à l'exercer de maniere qu'il devînt une des facultés de son esprit. Cependant, avait-on jamais vu de guerre plus juste que celle que soutint ce Monarque ? Aussi voyons-nous prospérer la Monarchie à l'ombre de ses lauriers ; nous la voyons recueillir le prix de tant de sang, de tant d'amour & de tant de fidélité pour la Branche heureuse des Bourbon. Ne parlons plus des armes de PHILIPPE, si ce n'est pour les célébrer comme protectrices de la paix, & comme soutien de l'honneur de la Couronne.

Mais, triste paix ! dit PHILIPPE, triste honneur, puisque ma Compagne, qui ne connut jusqu'à présent que les frayeurs & les fatigues, ne peut pas goûter ses douceurs ! En effet, la mort prématurée d'une Reine de vingt cinq ans, dont la fécondité avait enrichi la Monarchie de deux Princes, Louis & Ferdinand, qui furent ensuite ses Rois, & dont les talens avaient beaucoup contribué à conserver la Couronne sur la tête de son époux; cette mort qui coûta des larmes à la Nation, affligea si fortement le cœur passionné de PHILIPPE V, qu'il ne put même pas souffrir la vue de son Palais. Il était nécessaire qu'un autre hymenée vînt le consoler; & la Princesse des Ursins, qui avait été *Camarera Major* & favorite de la Reine, femme remplie de politique & de pensées sublimes, instruite, éloquente, jalouse du service de ses Souverains & encore plus jalouse de sa faveur, avait décidé l'inclination de PHILIPPE pour la personne d'Isabelle Farnese, fille & héritiere des Ducs de Parme; Princesse mémorable, d'un esprit supérieur, douée d'une grande ame & d'un courage étonnant. Isabelle Farnese, mere auguste de notre Charles III ! Qui peut imaginer un plus grand Eloge?

C'est alors que prit naissance dans la Monarchie affaiblie, l'œuvre admirable de son rétablissement. Le Roi prononçant par un décret, dans les termes les plus affectueux, qu'il n'avait sollicité la paix avec tant d'ardeur que pour travailler à la félicité d'un Peuple *dont il ne pouvait trop apprécier la valeur, les services & la fidélité ;* le célebre & laborieux Orri (mais détesté des gens à manœuvres) travaillait déja hardiment sous les ordres du Roi, pour introduire la lumiere dans l'ancien chaos des rentes de la Couronne, extirpant les abus cruels qui faisaient gémir les Peuples, réunissant à l'Etat les Domaines qui dans les temps de trouble s'étaient aliénés sans titres, découvrant les extorsions, réprimant les rapines des Traitans, & mettant à part ces hommes inutiles à la République, qui sans mérite ni services vivaient des libéralités du Prince & de la substance des Peuples. Orri trouva le fil d'or du labyrinthe de la Finance : mais quand il s'avisa de toucher aux affaires plus sacrées, il trouva le précipice sous ses pieds.

PHILIPPE savait très-bien que les

bonnes Loix, images de l'ordre éternel de la Providence, font le principal appui de la félicité d'un Royaume ; qu'elles font les armes de la paix & la force légitime d'un Gouvernement Monarchique ; qu'elles uniffent les Peuples aux Rois, & les Rois aux Peuples ; qu'elles protegent les faibles, & retiennent les puiffans. Ainfi il voulut qu'elles fuffent obfervées avec la plus grande exactitude : il voulut que quand le Temple de la Juftice ferait fermé au fujet le plus malheureux, il accourût à lui comme à un pere ; que les Tribunaux jugeaffent les caufes fans la lenteur qui éternife les procès & les dépenfes ; que chaque mois on tînt à la Cour un état des Sentences, fe réfervant le droit d'examiner fi fes Miniftres confervaient fidellement la balance d'Aftrée.

Eft-il poffible que je ne puiffe pas paffer les limites de ce Difcours dont les bornes contraftent avec le champ immenfe que nous offre fon fujet ! Je ferais mention exactement des Loix sages & des Réglemens que Philippe V donna à l'Espagne en faveur de sa tranquillité publique, pour favoriser l'agriculture, fonds des vraies richesses, pour faire naître l'industrie qui rend la vie agréable, pour animer le commerce qui la rend commode, pour multiplier la population qui la rend heureuse. Philippe porta ses soins à l'éducation, aux Arts, aux Lettres, à la navigation, aux armes; créant tout de nouveau, & inspirant à la Nation l'activité pour le travail. Le College Royal de Madrid & l'Ecole des Gardes de la Marine de Cadix seront des monumens perpétuels de son zele pour l'éducation de la Noblesse. Les Fabriques & Manufactures qu'il établit, sur-tout celles des tapisseries & des cryftaux, & l'encouragement qu'il donna à celles qui existaient déja, le seront de son attention aux Arts utiles. A qui dut le Baron de Riperda, cet Hollandais, phénomene de la fortune; à qui dut-il l'élévation éphémere où il s'éleva pour tomber dans l'abyme, si ce n'est aux nouvelles Fabriques dont PHILIPPE le fit Directeur? Le nouveau palais qu'il fit commencer dans cette Capitale (après que les flammes eurent consumé l'ancien) & celui de Saint-Ildephonse, sa galerie, ses statues, ses fontaines, ses jardins, & sur-tout l'assemblée préparatoire de l'Académie de Saint-Ferdinand, à qui celle-ci doit sa prospérité, seront aussi des monumens de son amour pour les Arts nobles. La Bibliotheque Royale, qu'il fonda dans cette Cour, une des plus riches du monde savant, & les Académies Royales de la Langue, de l'Histoire & de Médecine, qu'il créa & qu'il mit sous sa souveraine protection, le seront aussi de son attachement aux Lettres.

L'Académie Royale Espagnole, ce Corps Littéraire de la Nation, se glorifiera toujours d'avoir été créée par le Roi. Avant que le Marquis de Villena

son

son premier Directeur, homme éclairé, l'eût établie, ce Roi, qui né dans le Siècle des Lettres, élevé dans la Cour la plus instruite d'Europe, par les Maîtres les plus illustres de France, aimait la Langue Espagnole, & desirait que ses Sujets ne fussent pas privés plus long-temps d'un bien auquel la gloire de son regne & l'honneur de sa Nation devait être intéressé. *Ce dessein* (disait le Roi) *fut un des principaux que je conçus aussi-tôt que Dieu, la raison & la justice m'eurent appellé à la Couronne de cette Monarchie: n'ayant pas été possible de le mettre en exécution parmi les inquiétudes continuelles de la guerre, j'ai conservé toujours un desir ardent d'avoir le temps d'appliquer tous les moyens qui peuvent conduire à la tranquillité publique, à l'utilité de mes Sujets, & au plus grand lustre de la Nation Espagnole .... L'expérience a démontré que quand les Sciences & les Arts attirent l'estime du Prince & fleurissent dans une Monarchie, ce sont des*

fignes certains de *fon entiere félicité* (1).
Je répete & je fais, ô favans Académiciens de la Langue Espagnole, que vous écoutez avec plaisir ces paroles inestimables de votre Fondateur, de votre Protecteur, de votre PHILIPPE V, paroles que je voudrais vous donner gravées en lettres d'or, comme vous les poffédez dans votre ame, fculptées avec des caracteres ineffaçables de reconnaiffance; paroles affectueuses de ce grand Roi, qui vous dota fi magnifiquement, & qui vous diftingua par tant d'honneurs. Permettez que je vous rappelle ce jour à jamais mémorable, où il reçut votre premiere Députation dans le Palais du Pardo, entouré des Grands, comme il recevait les Corps les plus refpectables. Il daigna vous dire : *L'Académie peut être affurée de mon fuffrage, & j'efpere qu'avec elle les Sciences fructifieront dans mes Royaumes* (2). Et fi Phi-

---

(1) Edit de Sa Majefté en faveur de l'Académie Royale Efpagnole.

(2) Hiftoire de l'Académie.

lippe, pere d'Alexandre, laissa subsister la savante Athenes seulement, pour avoir des Orateurs qui fissent dignement son Eloge; il est temps que recueillant les fruits de votre atticisme Castillan, vous éleviez à ce nouveau PHILIPPE dans le Palais immortel de l'Eloquence la Statue Littéraire qu'il attend de vous, & qui durera autant que la langue Espagnole; un Panégyrique qui, quoiqu'inutile à sa gloire, soit digne de la majesté du sujet & de votre reconnaissance, & un Eloge d'un Roi aimé, qui oblige la Nation de dire en son nom : *L'Académie a mon suffrage.*

Notre PHILIPPE enfin, dès les premiers instans de la paix, mit sa marine sur un pied si respectable, & introduisit si heureusement la discipline dans son armée, qu'au moment où toute l'Europe regardait l'Espagne comme une Puissance ruinée pour longtemps, elle vit avec étonnement & non sans crainte, qu'elle n'avait jamais été si puissante. Elle avait plus de cent mille hommes de bonnes troupes, y compris les Régimens & Compagnies des Gardes, nouvelles phalanges que Philippe avait créées; soixante-dix vaisseaux de guerre, un Gouvernement solide, un trésor que l'économie rendait abondant, &, ce qui vaut mieux, un courage étonnant, capable de jouer le premier rôle sur le théâtre de l'Univers. Alors parut dans notre Cour, & même dans le monde, un homme nouveau, qui s'était emparé des affaires politiques : il était extraordinaire, audacieux, turbulent, plein d'une imagination ardente & d'un génie vaste; la fortune capricieuse avait pris plaisir à l'élever de l'état le plus obscur aux plus grandes dignités, pour l'abandonner au plus haut de son vol. Tel était le Cardinal Jules Albéroni, Ministre, qui avec l'activité de Ximenès & l'ambition de Richelieu aspirait, en faisant changer de face la Monarchie, à faire dépendre de l'Espagne le sort de toute l'Europe. Ce projet dut s'exécuter. L'Escadre de Philippe V, au secours des Vénitiens, fait lever précipitamment le siege de Corfou; une autre fait la conquête de Sardaigne; une autre s'empare dans le Mexique de vingt vaisseaux de Pirates richement chargés; une autre envahit la Sicile; une autre tente de débarquer le Prétendant en Ecosse; une autre enfin s'approche de la Bretagne pour favoriser la révolution qui se présentait en France, qui était d'ôter la Régence au Duc d'Orléans, pour la faire donner par les Etats à Philippe. Le vaste projet d'Albéroni ne se bornait pas là. L'Espagne unie à Pierre-le-Grand, à Charles XII & à la Porte Ottomane, devait en exécuter bien d'autres. Le Turc devait faire la guerre à Charles VI, pour l'empêcher de défendre l'Italie; le Czar & le Héros de Suede rétabliraient le Prétendant d'Angleterre sur le Trône des Stuart, & le Régent de France devait perdre sa dignité: projets magnifiques qui s'évanouirent comme un songe, excitant les armes de la France contre celles de l'Espagne, Philippe de Bourbon contre Philippe de Bourbon (1), & le Maréchal de Berwick contre le Général Duc de Liria son fils ; guerre véritablement civile entre deux Rois d'une même Maison, & deux Peuples liés par des intérêts communs. Ainsi, il n'est pas étonnant qu'Albéroni fut la victime qui expia tant d'outrages, & rétablit la concorde.

Philippe V jouissait dans l'Europe de la plus grande considération; il était en possession de Parme & de Plaisance, avec l'expectative de la Toscane pour son fils Don Charles, quand tout-à-coup il donna au monde (étonné avec raison) l'exemple inimitable d'abdiquer la couronne en faveur de Louis, Prince des Asturies, son premier né. Quelle résolution héroïque ! Un Roi âgé de quarante ans, un Monarque absolu, adoré, sacrifier à l'amour filial un vaste

---

(1) Le Régent s'appellait aussi Philippe.

Empire, prix de son courage & de ses fatigues; y renonçant avec la même indifférence qu'il avait renoncé à son droit au Trône de ses peres; se dépouillant de la pourpre royale, comme s'il se fût dépouillé des armures de la guerre! Je le répete, quelle résolution héroïque! O PHILIPPE, regne, ou cesse de régner, tu seras toujours *le courageux*.

Déja l'Espagne, & presque seulement l'Espagne avait vu un pareil exemple dans son Monarque Charles I, qui méprisa le sceptre & le reste des grandeurs humaines; & sans contredit PHILIPPE lui ressemblait beaucoup. Tous deux étaient étrangers, tous deux de deux maisons ennemies, tous deux affligés de guerres intestines pendant les premieres années de leur regne, tous deux obligés d'entreprendre de longues routes & de se mettre à la tête de leurs troupes, tous deux conquérants en Afrique, tous deux protecteurs des Lettres, tous deux victimes d'une vieillesse prématurée, & tous deux peres d'enfants

adorés de la Nation. Mais malgré ces ref-
semblances, c'étaient deux Princes d'un
caractere bien différent. Charles premier,
splendide, dissipateur, glorieux; Philippe V, franc, modéré, modeste :
Charles se retirant, parce que la fortune
l'abandonnait; Philippe se retirant, parce
qu'il méprisait la fortune. Charles s'en-
ferma dans un Couvent pour vivre en
Réligieux, Philippe choisit un Palais
pour mourir en Prince.

Une impression profonde, un respect
délicieux & sacré, s'empare de notre
imagination quand nous considérons Philippe de Bourbon, ce héros qui avait
lassé la Renommée, dans la retraite de
Balsain & de Saint-Ildefonse, dans le
silence des bois & des monts escarpés
du Paular ; loin du tourbillon de la
Cour & du monde, du poids des armes
& de la Couronne, Roi de lui-même,
occupé à diriger la culture des jardins
de cette campagne, image agréable qui
lui rappellait sans cesse ceux de Versailles, où il avait goûté des jours heu-

reux au printemps de fa vie. Mais le fuprême Arbitre des fceptres & des deftins des hommes, avait décidé que le regne de Louis premier le chéri, ainfi que fa vie, ferait de peu de durée (1). Philippe voyant la Monarchie à fes pieds lui étendant les bras, & lui offrant de nouveau la Couronne, aurait pu répondre à l'exemple de cet Empereur Romain retiré dans Salone où il cultivait la terre : *Le Trône n'équivaut pas la tranquillité de ma vie.* Mais non ; il répondit en rappellant le ferment qu'il avait fait de ne plus régner. Que ne fallut-il pas, pere affligé, pour appaifer tes fcrupules ! Enfin au bout de fept jours d'interregne, Philippe V, les yeux baignés de larmes, & fe plaignant du fort qui le faifait Succeffeur de fon Fils, remonte fur le Trône d'Efpagne. Il manquait encore à fa gloire bien des lauriers, beaucoup de fuccès, qui devaient l'immortalifer. Les armes Efpagnoles devaient reprendre leur premier luftre en Italie ; & celui qui avait con-

---

(1) Il régna fept mois & ne vécut que dix-fept ans.

quis Oran, entrant par Naples avec trente mille hommes aux ordres de notre Charles III, alors Infant d'Espagne, devait l'y conduire comme un Héros qui prend possession de ses conquêtes, & dont la présence rend le calme à tout le Royaume. Montemar devait lui élever une pyramide de trophées dans le champ ensanglanté de Bitonto, défaisant l'armée des Impériaux, & s'emparant des drapeaux, bagages & caisse militaire de l'ennemi. Le Vésuve devait lui rendre hommage; & la terre, émue par la joie, devait lui ouvrir son sein pour lui remettre intactes ces deux Villes heureuses (1), qui deux mille ans auparavant s'étaient enterrées, & dont il devait faire sortir les richesses les plus précieuses de l'antiquité. La Sicile devait éprouver aussi la même fortune, & PHILIPPE V devait saluer son Fils, Roi de ce Trône & de celui de Naples. La discorde politique alluma la guerre entre l'Angleterre & l'Espagne, leur jettant la pomme d'or

---

(1) Les Villes d'Herculanum & Pompeïa.

du commerce de l'Amérique. L'Amiral Vernon vit fon arrogance humiliée dans Cartagene des Indes ; les autres tentatives de la Grande Bretagne contre Cuba, Caraque, la Floride, & même contre l'Efcadre fulminante du Marquis de la Victoria, n'eurent aucun fuccès.

Dans ces entrefaites furvient la mort de Charles VI ; & la Branche Autrichienne Allemande s'éteignant par cette mort, PHILLIPPE V trouva l'occafion heureufe pour réclamer fes droits fur la Lombardie, & pour donner à l'Infant Dom Philippe un établiffement digne de fa naiffance. Il envoya dans ce deffein fes armées en Italie ; les progrès rapides que firent les armes du Roi fous la conduite de ce même Infant fon Fils, & de fes Généraux auffi habiles qu'heureux, furent furprenans. La conquête de la Savoie, la bataille fanglante de Campo-Sancto, la prife de Ville-Franche, Montauban, la réduction du Comté de Nice, & ving mille hommes faits prifonniers fignalerent fes premieres Campagnes. Et qui peut ignorer la gloire étonnante & la brillante réputation que s'acquit notre aimé Charles, alors Roi de Naples, soit en pulvérisant huit mille Allemands de l'armée de Lobkowitz, soit en exécutant des prodiges de valeur pour repousser l'ennemi à la fameuse surprise de Veletri, rester maître du champ de bataille, le poursuivre jusques dans le Milanez, lui faire huit cents prisonniers dans Nocera ? Qui ignore les prouesses de l'incomparable Comte de Gages ? sa marche sur les monts Apennins & les rives du Tanaro, en présence de l'ennemi qu'il vainquit près de Bosignana ; la prise de Milan, de Parme, de Plaisance, & d'autres Villes de réputation ?

Les exploits de ses enfans les plus chéris & le succès de ses armes consolaient l'ame de PHILIPPE, aussi tendre que belliqueuse, & le rendaient l'objet de la vénération universelle.

Notre Monarque était alors au milieu de l'Europe le doyen des Rois & des Princes Souverains, à qui l'on portait le plus grand respect, à cause de ses victoires, ses travaux & ses vertus: il était au milieu de ses Sujets un Héros aimé, admiré, & révéré comme le Conquérant & restaurateur de la Monarchie. C'était au milieu de sa Cour un Seigneur qui avait su lier la splendeur de la Majesté à la douceur de la clémence: au milieu de sa famille, c'était un pere tendre, qui, enivré du plaisir de se voir entouré de ses enfans, trouvait la vie délicieuse, puisqu'il l'avait communiquée à ces augustes tiges, qui prospérant avec les bénédictions du Ciel devaient étendre la glorieuse postérité des Bourbon sur les premiers Trônes du monde.

C'est ici où je voudrais avoir les grâces, les couleurs, les pinceaux de Vanloo (1), pour peindre l'ame de Philippe V. dans ses dernieres années, semblable à un soleil languissant, qui paraît plus brillant au déclin d'un beau jour, lorsqu'assis à côté de la Reine son épouse, entouré des Princes & des Infants ses Fils & ses

_____

(1) Allusion au Tableau de Vanloo dans le Palais del Retiro, qui représente Philippe au milieu de sa famille.

Petits-Fils, servi, caressé par eux, il paraissait enchanté, absorbé dans une mélancolie agréable (effet du calme d'un cœur satisfait), & comme évanoui par les sensations les plus douces de l'amour paternel ; je voudrais posséder l'éloquence naturelle de ce célebre Maréchal de France (1), son ami (car PHILIPPE eut des amis), quand il faisait à Louis XV la description de la personne de notre Roi, & des qualités aimables de sa famille Royale : tableaux tendres, savoureux instans de la vie domestique !.. Mais où vais-je, si une ombre confuse & lugubre, voltigeant autour de la Couronne du Monarque, me met dans la triste nécessité d'unir les soupirs à l'admiration !

Pleurons, Messieurs, sur les satisfactions humaines, sur la félicité des Royaumes, & sur la grandeur des Rois; sur PHILIPPE V, à qui la mort fit terminer subitement entre les bras d'Isabelle Farnese son auguste épouse, une carriere

---

(1) Le Maréchal de Noailles dans sa lettre du 30 Avril 1746.

glorieuse de soixante & trois ans, dont il en employa quarante-cinq à l'avantage de la splendeur de la Monarchie d'Espagne qui le perdit. Ses cendres reposent dans le mausolée royal de Saint-Ildefonse : son esprit se conserve dans tout l'Empire Espagnol ; son tendre amour pour ses Sujets dans le cœur de Charles III ; ses succès dans l'Histoire de la Nation ; ses vertus dans la mémoire de tous les Citoyens qui diront toujours à leurs enfans : « PHILIPPE fut un Prince ferme &
» courageux, nonobstant son naturel dé-
» licat & tranquille ; intrépide & guer-
» rier, nonobstant son cœur tendre &
» bienfaisant ; grand dans les disgrâces,
» nonobstant son mépris pour les gran-
» deurs ; amant des Lettres & des Arts,
» nonobstant son humeur belliqueuse. Ce
» fut un Roi plein de candeur, de mo-
» dération, de bénignité, de bonté &
» de justice ; un Roi chaste, véritable-
» ment Catholique, pieux, d'une con-
» science délicate ; jaloux de la pureté
» de la Religion, de ses Ministres & de

» son culte; en un mot, un héritier du
» sang & de la piété de ses ancêtres
» Saint-Ferdinand & Saint-Louis. Epoux
» heureux & mille fois heureux d'avoir
» eu pour femmes deux véritables Hé-
» roïnes, qui, tendrement aimées, com-
» muniquerent à son caractere la force
» & l'énergie, & brûlerent d'un zele
» continuel pour sa réputation. Enfin,
» ce fut le pere le plus heureux: le Ciel
» voulut couronner ses vertus dès ce bas
» monde, lui accordant des enfants si
» humains, si respectables, si bienfaisants,
» si amants de la Nation; des enfants
» & petits-enfants qui ont été & seront
» toujours les délices des Espagnols,
» l'honneur des Bourbon & la gloire
» du genre humain ».

APPROBATION.

J'AI lu, par ordre de Monseigneur le Garde des Sceaux, un Manuscrit ayant pour titre: *Eloge de Philippe V Roi d'Espagne*, par M. Bongars; & je crois qu'on peut en permettre l'impression. A Paris, ce 18 Décembre 1779. GUYOT.